GETTAMANメソッド
肩甲骨ダイエット

Human Artist
GETTAMAN

廣済堂出版

はじめに

Aloha!

『GETTAMANメソッド 肩甲骨ダイエット』は、ココロとカラダをデザインする"ヒューマンアーティスト"GETTAMANが、長年のオーダーメイドケアから紡ぎ出したダイエットメソッドです。

私、GETTAMANは、これまでに、第一線で活躍するクリエイター、財界人、モデル、トップアスリートの方々の、ワークアウトやオートクチュールケア、メンタルコンディショニングを、それぞれの目的に応じてサポートさせていただきました。単に、やせる、筋肉をつけるというダイエットの範疇(はんちゅう)を超え、フィジカル、メンタル、そしてライフスタイルまでをも、最良の状態に導いていきます。

肩甲骨とその周辺には、摂取したカロリーをエネルギーとして放出する褐色脂肪細胞という細胞が存在します。『G

『ETTAMANメソッド　肩甲骨ダイエット』は、肩甲骨を動かすことで、肩甲骨とその周辺にある褐色脂肪細胞を刺激・活性化させ、脂肪を燃やしやすくするダイエット法です。朝晩２回、５分間行うだけで、代謝が高まりダイエット効果が得られ、体温もアップします。さらに、私たち人間が本来もっている自然の法則に合わせた食事法、体の巡りをよくするリンパケアやセルライトケアを行うことで、体の内と外から、きれいを手に入れることができるのです！

人間のＤＮＡは、ひとかけらの氷ほどの質量しかありませんが、それを糸で繋いでいくと、地球と太陽の間を４００回以上往復できる長さになるといわれています。

ご自身の中に眠っている限りない無数のパワースポットを、GETTAMANメソッドによって引き出していただければ、本当に幸せです。

　　　　　　　　　GETTAMAN

GETTAMANメソッド 肩甲骨ダイエット もくじ

はじめに ……… 2

DVDの使い方 ……… 7

Part1
GETTAMANメソッド 肩甲骨stretchでしなやかな体に！
〜肩甲骨を意識して脂肪を燃やす〜

肩甲骨を動かすと、なぜやせるの？ ……… 10

GETTAMANメソッド 肩甲骨ストレッチのやり方 ……… 11

ストレッチの効果を高める4つのポイント ……… 12

やせるだけじゃない！ うれしい効果 ……… 13

正しい姿勢・正しい座り方 ……… 14

GETTAMANメソッド stretch1 肩甲骨を上下に回す ……… 16

GETTAMANメソッド stretch2 肩甲骨を上下左右に回す ……… 18

GETTAMANメソッド stretch3 肩甲骨を片方ずつ回す ……… 20

GETTAMANメソッド stretch4 肩甲骨を後ろへ引き寄せる ……… 22

GETTAMANメソッド stretch5 肩甲骨をひねる ……… 24

GETTAMANメソッド stretch6 腕を回す ……… 26

GETTAMANメソッド stretch 7　肩甲骨を反らす ……… 28
肥満遺伝子をチェック！ ……… 30
GETTAMANメソッド stretch 8-1　肥満遺伝子が「りんご型」の人 ……… 32
GETTAMANメソッド stretch 8-2　肥満遺伝子が「洋なし型」の人 ……… 34
GETTAMANメソッド stretch 8-3　肥満遺伝子が「バナナ型」の人 ……… 36
GETTAMANメソッド stretch 8-4　肩があがらない人向け ……… 38
GETTAMANメソッド 肩甲骨ダイエットの基本 ……… 40

Part2
GETTAMANメソッド　入浴後のリンパケアでより美しく！
〜美脚・美腰・小顔編〜

リンパケアをプラスして効果を高める！ ……… 42
リンパケアの流れ ……… 43
GETTAMANメソッド　美脚リンパケア1 ……… 44
GETTAMANメソッド　美脚リンパケア2 ……… 46
GETTAMANメソッド　美脚リンパケア3 ……… 48
GETTAMANメソッド　美腰リンパケア1　股関節① ……… 50

GETTAMANメソッド 肩甲骨ダイエット もくじ

GETTAMANメソッド 美腰リンパケア2 股関節② ……… 52
GETTAMANメソッド 美腰リンパケア3 そ径部〜ウエスト ……… 54
GETTAMANメソッド 美腰リンパケア4 ウエスト ……… 56
GETTAMANメソッド 小顔リンパケア1 ……… 58
GETTAMANメソッド 小顔リンパケア2 ……… 60
GETTAMANメソッド 小顔リンパケア3 ……… 62
GETTAMANメソッド 小顔リンパケア4 ……… 63
GETTAMANメソッド 小顔スペシャルケア1 顔の表情をやわらげる ……… 68
GETTAMANメソッド 小顔スペシャルケア2 目のまわりのしわ ……… 69
GETTAMANメソッド 小顔スペシャルケア3 ほうれい線 ……… 70

Part3 GETTAMANメソッド マザーネイチャーのサイクルに合わせた食事法
〜概日（がいじつ）リズムとプチデトックス〜

概日リズムに合わせた食生活を実践！ ……… 72
週に1日、フルーツデイのすすめ ……… 74
おわりに ……… 76

DVDの使い方1

付属のDVDでは、本書で紹介している「GETTAMANメソッド　肩甲骨ダイエット」を、ムービーでわかりやすく紹介しています。細やかな動きやスピード、呼吸のタイミングなど、DVDを参考にして実践してみてください。
　また、このDVDは実践しやすいように、鏡を見ているかのように行えるよう、ミラー仕様になっています。

DVDの視聴方法

❶ DVD盤をDVDプレーヤーに正しくセットします。(DVDの取り扱いについては、お手持ちのDVDプレーヤーの取扱説明書をご参照ください)

❷ 自動的にオープニング映像が再生されます。

❸ オープニング映像終了後、メインメニューが表示されます。

❹ メインメニューに表示された7つの項目の中から、ご覧になりたい項目を選択し、決定（または再生）ボタンを押すと、映像が始まります。

❺ はじめから通して見たいときはALL PLAY（オールプレイ）を選択します。

❻ また一連の動きが身について、解説が必要なくなった人は「ストレッチの解説なしはコチラ」を選択すると、解説のないバージョンの映像を見ることができます。

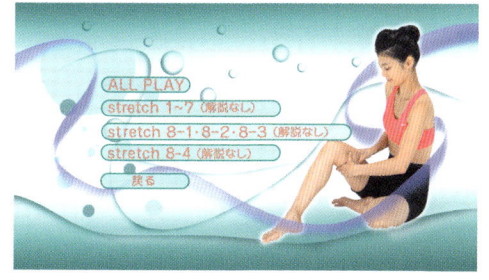

サブメニュー

「ストレッチの解説なしはコチラ」を選択すると、左のようなサブメニュー画面が表示されます。

※本書についているDVDは、DVD専用プレーヤーでの再生をおすすめします。パソコンやDVD対応ゲーム機などでの動作保障はしておりません。あらかじめご了承ください。

DVDの使い方2

　回数ではなく、時間（秒数）をはかって行うstretchには、右下に時計が現れます。時計をチェックしながら行ってください。
　また、DVDでは、書籍よりも行う回数が少ないstretchもあります。DVDを見ながらストレッチする場合は、映像に合わせて行ってください。

 ＝ 息を吸う

 ＝ 息を吐く

stretch（ストレッチ）を行うとき、呼吸するタイミングを左上の「breathe in」「breathe out」で説明しています。

※「美脚リンパケア」と「小顔リンパケア」は、解説なしのバージョンはありません。

DVDの注意点

・直射日光が当たる場所や高温多湿の場所には保管しないでください。
・ＤＶＤ盤使用後は、プレーヤーから取り出してください。
・ＤＶＤ盤は両面とも指紋、汚れ、傷などをつけないように取り扱ってください。
・ＤＶＤ盤が汚れたときはメガネふきのような柔らかい布で、内側から外側へ向かい、放射状に軽くふき取ってください。

Part 1
GETTAMANメソッド

肩甲骨stretchで
しなやかな体に!

~肩甲骨を意識して脂肪を燃やす~

肩甲骨を動かすと、なぜやせるの？

ダイエットのカギとなる「褐色脂肪細胞」を刺激！

私たちの体の中には、体にたまったカロリーを熱に変えて脂肪を燃やす「褐色脂肪細胞」というものがあります。

効率よくやせるためには、褐色脂肪細胞を刺激し、活性化させる必要があります。

ダイエットに大事な褐色脂肪細胞は、肩甲骨とその周辺、首のまわり、わきの下、腎臓の周囲に集中しています。

この本で紹介する「GETTAMANメソッド 肩甲骨ダイエット」のストレッチ1〜8を、朝と夜に実践するだけで、褐色脂肪細胞を活性化させ、脂肪を燃やしやすい体を作ることができます。

褐色脂肪細胞はココにある！

- 首のまわり
- 肩甲骨の周囲
- わきの下
- 腎臓の周囲

筋肉を鍛える＋褐色脂肪細胞で、基礎代謝を上げる

褐色脂肪細胞を刺激して脂肪を燃やせば、体温も基礎代謝量も上がるので、やせやすい体に導いてくれます。

基礎代謝量が低い人ほど、脂肪がたまりやすくなり、太りやすい体質になります。何もしていないとき（睡眠中など）でも、やせやすい体質にしたいのならば、基礎代謝量を上げることが大事です。

基礎代謝量を上げるには、脂肪を燃焼させる能力が高いインナーマッスルを鍛えることによって、筋肉量を増やすことも重要です。「GETTAMANメソッド 肩甲骨ダイエット」を毎日行うことで、インナーマッスルをゆっくりと確実に刺激し、鍛えることもできます。

やせると同時に、美しいボディラインを手に入れることもできるのです！

GETTAMANメソッド 肩甲骨ストレッチのやり方

ストレッチ（stretch）は、朝と夜、1日2回！

朝と夜、
「GETTAMANメソッド stretch」
1〜8をひと通り、行う。

- stretch 1　肩甲骨を上下に回す
- stretch 2　肩甲骨を上下左右に回す
- stretch 3　肩甲骨を片方ずつ回す
- stretch 4　肩甲骨を後ろへ引き寄せる
- stretch 5　肩甲骨をひねる
- stretch 6　腕を回す
- stretch 7　肩甲骨を反らす
- stretch 8-1　肥満遺伝子が「りんご型」の人・スタンディングツイスト
- stretch 8-2　肥満遺伝子が「洋なし型」の人・スタンディングレッグレイズ
- stretch 8-3　肥満遺伝子が「バナナ型」の人・レッグプルイン
- stretch 8-4　肩があがらない人向け

　8は、肥満遺伝子のタイプ別にストレッチ(stretch)が異なります。自分の肥満遺伝子をチェック（P30〜31）してから、実践してください。

　8-4は、肩があがらない人のためのストレッチです。肩があがらない人は無理してすべてのストレッチを行うのではなく、できるものから行ってください。

◯1〜8のストレッチ（stretch）、すべて30秒を目安に行いましょう。

◯ストレッチ中は呼吸を止めません。
　「吸う」「吐く」の指示がない場合は、自然に行ってください。

ストレッチの効果を高める4つのポイント

朝と夜のストレッチは、ポイントをおさえて行うとより効果が高まります。

❶ 呼吸は止めない

ストレッチで筋肉を伸ばそうとしているときに呼吸を止めてしまうと、筋肉は緊張状態が続いて十分に伸ばすことができません。自然に大きくゆったりと呼吸するように心がけましょう。

❷ 伸ばしている筋肉を意識する

ストレッチをしながら、今、どこの筋肉が伸びているのかを、意識して伸ばすようにしましょう。意識するだけで、筋肉の鍛え方が変わってきます。

❸ 反動はつけない

筋肉は急に伸ばそうとすると、緊張してしまい、あまり伸びません。どのストレッチも反動はつけずに、すべての動きにおいて、ゆっくりと筋肉を伸ばしましょう。

❹ "イタ気持ちいい"ところで止める

ストレッチは、心地よく伸びていると感じるところ、つまり「イタ気持ちいい」ところで止めます。ストレッチをしている最中、普段どおりに話したり、笑ったりできるのが目安です。

体調が悪いときの対処法

　風邪などで体調が悪いときは、リンパの流れが滞った状態になります。無理のない範囲で「GETTAMANメソッド　stretch」や各リンパケアを行ってください。リンパの流れがよくなると、だるさがとれたり、鼻のとおりがよくなったりします。

やせるだけじゃない！ うれしい効果

「GETTAMANメソッド　肩甲骨ダイエット」のstretch（ストレッチ）やリンパケアを行うと、リンパの流れがよくなります。リンパの流れがよくなると、やせるだけでなく、さまざまないい効果がもたらされます。

とくに肩甲骨まわりを重点的に動かしているので、肩こりやむくみが解消されます。

「GETTAMANメソッド　肩甲骨ダイエット」を朝と夜、行うことによって、ほかにもいろいろなメリットがあります。

ダイエット以外の効果

●体温がアップする
（体温が下がると基礎代謝が下がるので、太りやすくなります）

●肩こりが解消される!
（運動不足による肩こりを解消）

●基礎代謝があがる!
（フツウに生活していてもやせやすくなります）

●体のむくみスッキリ!
（血流やリンパの流れがよくなっている証拠！）

●冷え性の改善
（冷えは頭痛や胃腸不良を招きます）

●ストレスや緊張をやわらげる
（筋肉をやわらげるのでリラックスできる）

GETTAMANメソッド
正しい姿勢

　人間の体は、ふだんの姿勢がそのまま体形に反映されます。猫背などの悪い姿勢が続くと、疲れやすくなったり、余計な筋肉がついたりします。より早く美しい体を手に入れるためには、正しい姿勢をキープして、GETTAMANメソッド ストレッチを行いましょう。

横から見たときは、後頭部、肩甲骨、おしり、かかとが一直線になるように、背筋を伸ばして立ちます。

あごを軽くひき、胸を張ります。お腹に軽く力を入れ、かかとと足の裏の拇指球（親指の下あたり）に体重をかけるようにします。

GETTAMAN メソッド
正しい座り方

悪い姿勢で座ると、内臓に大きな圧力がかかります。背筋を伸ばすことを意識しましょう。イスの背もたれには、もたれすぎないようにします。イスの高さが合わないときは、足もとに台を置いたりして、調整します。

あごを軽くひき、背筋を伸ばして、お腹に力を入れます。両ひざをそろえ、ひざの位置をおしりよりも少し高くすると、背筋が伸びて上体が安定します。

GETTAMANメソッド
stretch 1
肩甲骨を上下に回す

手のひら全体を
ぴったり合わせる

ひじは
まっすぐ伸ばす

② 頭の上で手のひらを合わせる
息を吸いながらゆっくりと腕を上げ、ひじをまっすぐに伸ばしたまま、頭の上で手のひらを合わせます。

① 両脚を肩幅くらいに開く
気をつけの姿勢から、両脚を肩幅くらいに開き、つま先を外側に向けます。

30秒間
（目安は10回）

手のひらは外側に

④ 肩甲骨を中央に寄せる

左右の肩甲骨を中央によせるように意識しながら、ひじを胸の位置で止めます。①〜④を1セットとし、10回くり返しましょう。

③ ひじを後ろに引く

息を吐きながら手のひらを外側に向け、ひじを少し後ろに引き、胸の位置まで下ろしていきます。

GETTAMAN メソッド
stretch 2
肩甲骨を上下左右に回す

親指はできるだけ体側に向ける

ひざは少しだけ、ゆるめます

③ 腕を頭の上に上げる
手をクロスさせたまま、腕を頭の上に引き上げます。

② 手を前でクロスさせる
上半身を少し前かがみに倒し、腕を伸ばしたまま、手を前でクロスさせます。

① 両脚を肩幅より少し広めに開く
気をつけの姿勢から、両脚を肩幅より少し広めに開き、つま先を外側に向けます。

【慣れてきたら】

①の姿勢からさらに脚を大きく開いて、深くかがんだ状態から始めてみましょう。⑤の姿勢では、腕を肩の高さで止めずに、上半身をできるだけ後ろに反らしてみましょう。

手のひらを
内側に向ける

30秒間
（目安は10回）

⑤ 腕を肩の高さで止める

開いた腕を肩の高さで止めます。①〜⑤を1セットとし、10回くり返しましょう。

④ 手のひらを内側に返し、腕を下ろす

頭上でクロスさせた手を開き、両手のひらを内側に向けます。指先を上に向けたまま、腕を真横に開き、左右の肩甲骨を中央によせるように意識しながら、ゆっくりと下ろしていきます。

GETTAMAN メソッド
stretch 3
肩甲骨を片方ずつ回す

② 右腕を斜め上に引き上げる

右腕をまっすぐに伸ばしたまま、斜め上の方向に引き上げます。このとき、手のひらは外側に向けます。

① 右手を斜め前に出す

気をつけの姿勢から、両脚を肩幅くらいに開き、つま先を外側に向けます。上体を下に向けないように意識しながら、右手を左のふとももの前に出します。右手の親指をももにつけます。

30秒間
（目安は10回）

④ 腕を肩の高さまで下ろす

ひじをまっすぐに伸ばしたまま、腕を少し引きながら、肩の高さまで下ろします。このとき、左右の肩甲骨が中央に寄るように意識しましょう。最後は親指を下に向けます。①〜④を1セットとし、左手も同じように、それぞれ5回くり返します。

③ 右手のひらを内側に返す

右腕を斜め上に上げた状態のまま、右手のひらを内側に返します。

GETTAMAN メソッド
stretch 4
肩甲骨を後ろへ引き寄せる

― ② ―

両腕を後ろへ平行に引く

手首、ひじ、肩を平行な状態に保ちながら、左右の肩甲骨を中央に寄せるイメージで、ゆっくりと後ろへ引きます。

― ① ―

両手を前に出す

気をつけの姿勢から、両脚を肩幅くらいに開き、つま先を外側に向けます。両腕を前に肩の高さまで上げ、左右の人差し指をくっつけます。

30秒間
（目安は10回）

・・・・・・ 正面から見ると ・・・・・・

③

肩甲骨を寄せる

肩甲骨をさらに寄せていき、ゆっくりと両手を最初の位置に戻します。①〜③を1セットとし、10回くり返しましょう。

GETTAMAN メソッド
stretch 5
肩甲骨をひねる

腕はまっすぐに伸ばす

親指は下向きに

② 両手を使って斜めに伸ばす

腕を伸ばしたまま、右手を斜め上へ、左手を斜め下にし、左右の手を対極方向に伸ばします。このとき、上に伸ばした右の手のひらは上向きに、下に伸ばした左の手の親指を下向きにします。

① 胸の前で手のひらを合わせる

気をつけの姿勢から、両脚を肩幅くらいに開き、つま先を外側に向けます。両腕を前に肩の高さまで上げ、ひじをまっすぐに伸ばしたまま、手のひらを合わせます。

30秒間
（目安は10回）

親指は
下向きに

④
腕の向きを変える
今度は左手を斜め上へ、右手を斜め下にし、左右の手を対極方向に伸ばします。左右交互に10回くり返しましょう。

③
①の姿勢に戻す
両手を①の姿勢に戻します。

GETTAMAN メソッド
stretch 6
腕を回す

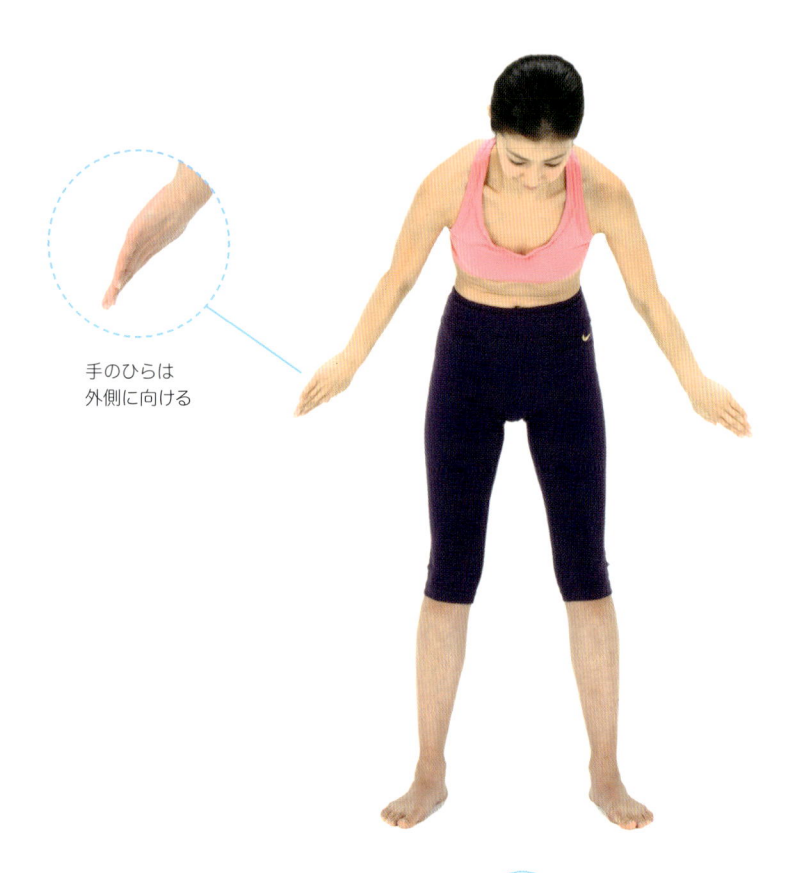

手のひらは
外側に向ける

①

ひじを内側に回す

気をつけの姿勢から、両脚を肩幅くらいに開き、つま先を外側に向けます。上体を少し前かがみにし、手のひらを外側に向け、ひじをできるだけ内側に回します。

30秒間
（目安は10回）

手のひらは
内側に向ける

③
ひじを胸の高さまで下ろす
頭上で手のひらを内側にし、そのままゆっくりとひじを胸の高さまで下ろします。①〜③を1セットとし、10回くり返しましょう。

②
ひじを外側に回しながら両手を上げる
上体を戻し、ひじを外側に回しながら、両手を頭の上に上げます。

GETTAMAN メソッド
stretch 7
肩甲骨を反らす

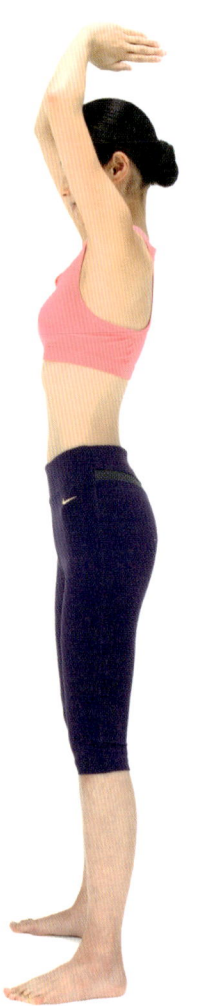

② 手を頭上にすべらす

手のひらを合わせたまま、頭の上を水平にすべらせます。

① 両手を額の上で合わせる

気をつけの姿勢から、両脚を肩幅より少し広めに開きます。両手のひらを額の上で合わせ、指先を内側に向けます。

30秒間
（目安は10回）

手のひらはつけたまま、腕はまっすぐに

肩幅より少し広めに

・・・正面から見ると・・・

③

手を後ろに反らす

息を吐きながら、合わせた手をできるだけ後ろに反らします。あごを引き、腕は曲がらないように、まっすぐに伸ばします。①～③を1セットとし、10回くり返します。

肥満遺伝子をチェック！

　現在、人間の遺伝子には、太りやすさを決める「肥満遺伝子」が約50種類あるといわれています。
　50種類の肥満遺伝子の中で、日本人の約7割が「りんご型」「洋なし型」「バナナ型」のいずれかを持っているといわれています。この肥満遺伝子のタイプによって、脂肪のつきやすい場所や種類、基礎代謝量が変わってきます。
　それぞれのタイプによって、合うストレッチも変わってきます。ご自分のタイプをチェックしてから、GETTAMANメソッドstretchの8を1つ（2つある人もいます）行ってください。

自分が当てはまるものをチェックしてください。
一番多く当てはまるものが、あなたの肥満遺伝子のタイプです。

 **りんご型**

○ おなかがぽっこり出ている
○ ご飯やパン、あんこなどの糖質の多い食べものが大好き
○ おなかがすくと、すぐにイライラする
○ マイペースだと他人から言われたことがある
○ 自分で大ざっぱなところがあると思う

すっきりしたおなかにするには、腹筋・背筋を強化！

洋なし型

- ○ 下腹部やおしりにたっぷりと脂肪がついている
- ○ 肉や揚げもの、ジャンクフードが好き
- ○ 主食よりもおかずが好き
- ○ まめだと思う
- ○ 性格はまじめで気が強い

⬇

ふとももの裏側と大臀筋を鍛えて筋力アップ！

バナナ型

- ○ 手足が長い
- ○ 野菜や豆腐、魚など、ヘルシーなものが好き
- ○ 1回の食事でたくさん食べられない
- ○ 几帳面で神経質だと思う
- ○ きれい好きだと思う

⬇

年を重ねても体形を維持するには筋トレ開始！

※りんご型と洋なし型の両方に、同じ数のチェックが入る方もいると思います。
　その方は、両方の型を持っているので、ストレッチはどちら（P32〜33、34〜35）も、行ってください。

GETTAMAN メソッド
stretch 8-1
肥満遺伝子が「りんご型」の人
スタンディングツイスト

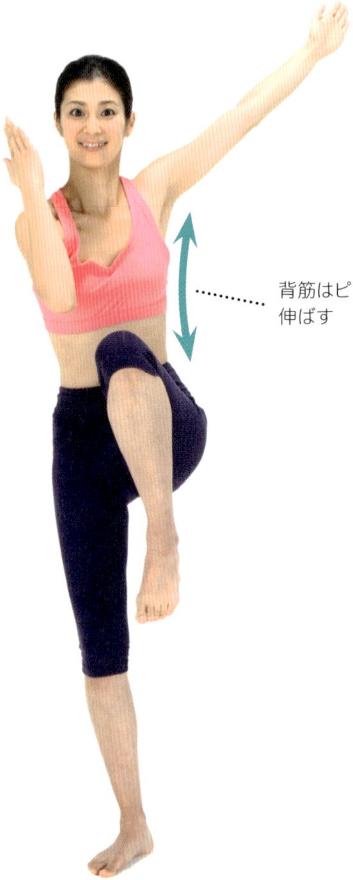

背筋はピンと伸ばす

腕はまっすぐ伸ばす

② 右ひじと左ひざをつけるように曲げる

おなかまわりを意識しながら、右ひじと左ひざをつけるように近づけます。このとき、上体がぶれないように背筋をピンと伸ばします。

① 両手両脚を広く開く

気をつけの姿勢から、両手と両脚を肩幅よりも広く開きます。

りんご型の人は、おなかと背中の筋肉を鍛えるのがおすすめです。

30秒間

④

**左ひじと右ひざを
つけるように曲げる**

今度は逆に、左ひじと右ひざを近づけ
てから、ゆっくりと元の位置へ戻します。
①〜④を1セットとし、10回行いましょう。

③

元の位置に戻す

右ひじと左ひざをゆっくりと
元の位置に戻します。

GETTAMAN メソッド
stretch 8-2
肥満遺伝子が「洋なし型」の人
スタンディングレッグレイズ

できない場合は壁やイスに手をついて行います

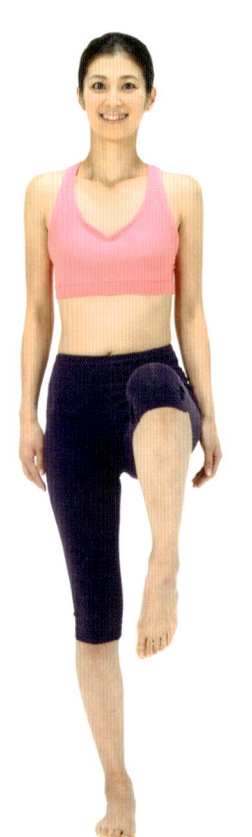

できるだけ外側に開く

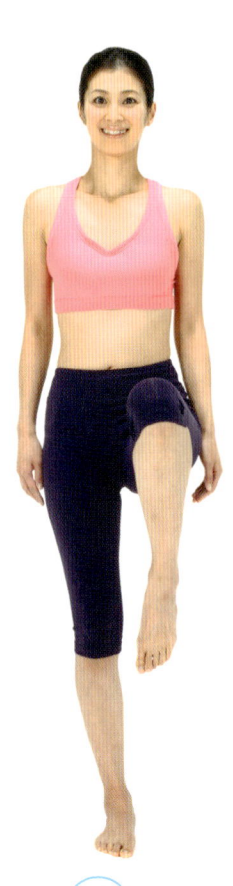

③
元の位置に戻す
左脚を①の姿勢に戻します。

②
上げた脚を外側に開く
①の状態から、体をまっすぐに伸ばしたまま、上げた左脚を外側に直角に開きます。体がふらついてしまう場合は、壁に手をつきながらやってみましょう。

①
片脚を床と垂直に引き上げる
気をつけの姿勢から、左脚を床から垂直に引き上げます。脚はひざが骨盤と同じ高さになるまでしっかりと上げます。

洋なし型には、太ももとおしりの筋肉を使うストレッチが最適です。

背筋はできるだけ
ピンと伸ばす

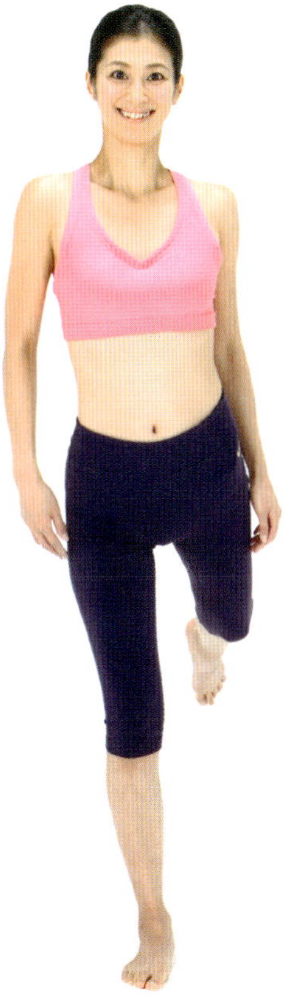

・・・正面から見ると・・・

④

脚を後ろへ反らす

①の姿勢から、今度はその脚を後ろにグーッと反らします。体が前傾姿勢にならないように、背筋をできるだけまっすぐに伸ばします。体がふらついてしまう場合は壁やイスに手をつきながらやってみましょう。①～④を1セットとし、続けて右脚も行います。

GETTAMAN メソッド
stretch 8-3
肥満遺伝子が「バナナ型」の人
レッグプルイン

胸をはる

背筋はまっすぐに伸ばす

② 両脚を上へあげる
ひざを曲げ、そろえた両脚をゆっくりと上へあげていきます。

① 両脚を前に出す
イスに座り、背筋をまっすぐに伸ばします。両手はイスに置き、両脚は足の甲が見えるようにそろえてあげます。

大腰筋をはじめとするインナーマッスルを鍛えます。

30秒間

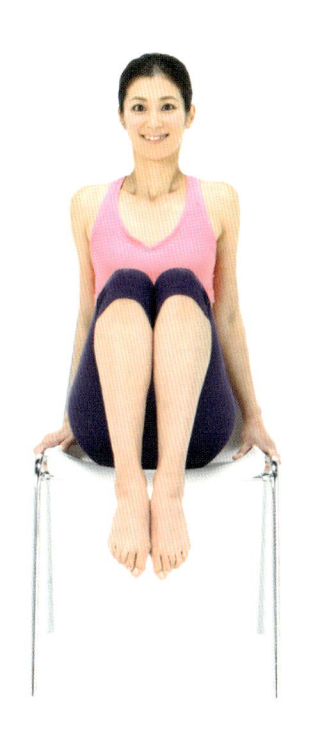

・・・正面から見ると・・・

③

両脚を胸元に引き上げる

両脚をそろえたまま、ひざを胸の位置まで引き上げます。このとき、上体が前かがみにならないように、背筋をまっすぐに伸ばします。両脚をそろえたまま、ゆっくりと元の位置に戻します。①〜③を1セットとし、10回くり返しましょう。

GETTAMAN メソッド
stretch 8-4
肩があがらない人向け

② 両手を背中の後ろへ

腕の位置が下がらないように意識しながら、ひじから下だけを下げ、背中の後ろに回します。人形劇のマリオネットのようなポーズをイメージしてみましょう。

① 両手を肩の高さに広げる

気をつけの姿勢から、両脚を肩幅くらいに開き、つま先を外側に向けます。胸を張り、両手を肩の高さで真横に開きます。

肩の傷害や炎症などで、
肩があがりにくくなっている人にオススメのストレッチです。

左右交互に 30秒間

⑤ 逆向きにも手のひらを合わせる

①〜④を1セットし、今度は③のときに、手のひらを逆に合わせます。交互にくり返します。

④ 元の位置に戻す

①の姿勢にゆっくりと戻します。

③ 両手のひらを合わせる

胸を張ったまま、両手を背中に回し、左右の手のひらをしっかりと重ねます。

GETTAMANメソッド 肩甲骨ダイエットの基本

朝と夜、
stretch1〜8を各5分

＋

食事法
（概日リズムを守る、朝食はフルーツなど）

※GETTAMANメソッド　肩甲骨ダイエットでは、stretchと食事法が基本です。

stretch1〜8と食事法を1カ月、実践してみてください。

＆

美脚リンパケア
美腰リンパケア
小顔リンパケア

※リンパケアは気になる部分だけ行ってもOK！

Part 2
GETTAMANメソッド

入浴後のリンパケアで
より美しく!

~美脚・美腰・小顔編~

リンパケアをプラスして効果を高める！

　1日2回の「GETTAMANメソッド　肩甲骨stretch」にプラスして、体のパーツ別にリンパケアを行えば、ダイエット効果がグンと高まります。リンパケアを行えば、老廃物の蓄積を抑え、冷えやむくみ、セルライトを予防してくれます。

　このケアを行うと①体のリフトアップ、②だるさや肩こりが軽減されて体が軽くなる、③肌が整い血色がよくなる、という効果が得られます。やせるだけでなく、美しさも手に入れましょう！

　忙しくて毎日行うのはムリ！という方は、気になるパーツを行えばOKです。

リンパケアのルール

- 入浴後（お風呂あがり）に行う
- 基本的な流れとして、美脚リンパケア ➡ 美腰リンパケア ➡ 小顔リンパケアの順番に行う（気になるパーツだけでもOK）
- リンパケア後に「GETTAMANメソッド　肩甲骨stretch」1〜8を行う

質のいいバスタイムでリンパ液の循環を促す

　入浴には、血液やリンパ液の流れをよくする、体全体のコリや痛みをやわらげる、体全体の緊張がほぐれる、などの優れた効果があります。

　好みの入浴剤やエッセンシャルオイルで香りを楽しんだり、好きな曲を歌うと、ストレス解消につながります。

41〜43℃
- 交感神経が刺激される
- 精神状態が覚醒、興奮する
- 血管が収縮し血圧が上がる
- 体の深層温度が上がる

38〜40℃
- 副交感神経が刺激される
- 精神状態が落ち着く
- 血管が拡張して血圧が下がる
- 体の深層温度は上がらない

リラックスするには、ぬるめのお風呂がおすすめです！

リンパケアの流れ

美脚リンパケア (P 44〜49)

　足の甲のリンパの流れをよくしたあと、ひざまわりのリンパに刺激を与えます。その後、足首からひざ下までのセルライトをさすり上げ、ふとももセルライトをもみほぐします。このケアを行うと、老廃物を押し流し、脚全体のむくみを解消することができます。

⬇

美腰リンパケア (P 50〜56)

　股関節のコリをほぐして柔らかくしてから、腰まわりの脂肪の燃焼を促します。次に足の付け根（そ径部）のリンパ節を押して、老廃物を押し流します。最後にウエストのセルライトと脂肪のケアを行い、ウエストを引き締めます。

※美腰リンパケアはＤＶＤには収められていません。書籍のほうだけに掲載されていますので、ご注意ください。

⬇

小顔リンパケア (P 58〜70)

　首のまわり（頸椎）を柔らかくしてから、首やデコルテラインのリンパを流します。次に、あごと頬のラインを引き締めるためのストレッチを行い、最後に頭全体のタッピングを行います。時間に余裕のある方はスペシャルケアの「顔の表情をやわらげる」「目のまわりのしわ」「ほうれい線」をプラスしてください。

※小顔スペシャルケア「顔の表情をやわらげる」「目のまわりのしわ」「ほうれい線」は、ＤＶＤには収められていません。書籍のほうだけに掲載されていますので、ご注意ください。

GETTAMANメソッド
美脚リンパケア1

ひざ下〜ふともも
(ひざ下スレンダーケア)

片足ずつ
30秒

足の甲

①

両手で足の指の間を押す

両手の親指で、足の甲の親指と人差し指の間と、薬指と小指の間を、軽く30秒間押します。逆側の足も30秒間行います。

美脚リンパケアは、一連の流れに沿って行い、止めないようにしてください。

片脚ずつ
30秒

ポンピング

②

ひざ裏のリンパを押す

脚全体のリンパの流れをよくするために、ひざの裏にある膝窩リンパに刺激を与えます。両手で、ひざ裏のへこんでいる部分をゆっくり押しては、ゆっくり離すをくり返します。片脚ずつ30秒間行います。

GETTAMAN メソッド
美脚リンパケア 2
ひざ下〜ふともも
（ふくらはぎセルライトケア）

赤い部分の前脛骨筋（前方のすね）の外側と内側、両方をほぐしていく

すね

③

すねのわきをほぐす

両手の親指で、すねのわきにある前脛骨筋をほぐしていきます。上の写真は押していくスタート地点です。

片脚ずつ
30秒

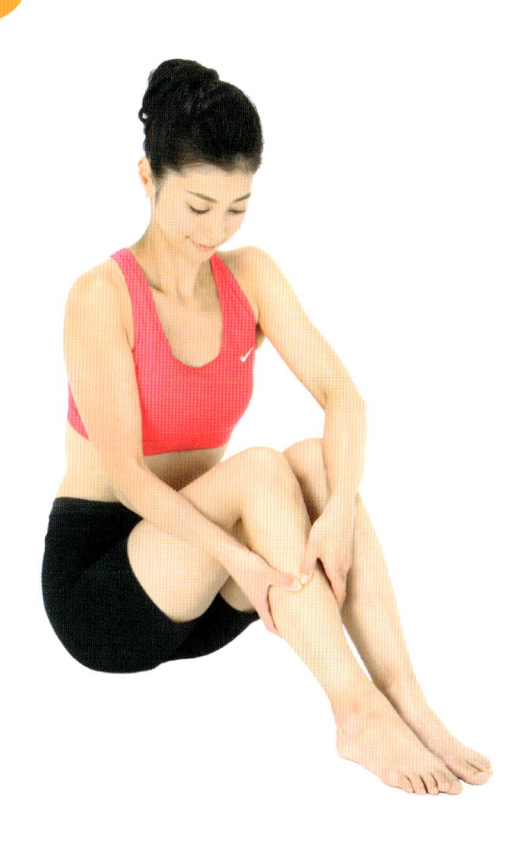

④

すねの外側と内側を押し上げる

両手の親指で、右足の甲から前脛骨筋の外側を下から上へ押し上げ、同じように、前脛骨筋の内側も、下から上へ押し上げます。続いて、左脚も行います。左右とも30秒間行います。

GETTAMANメソッド
美脚リンパケア 3
ひざ下〜ふともも
（ふくらはぎセルライトケア）

片脚ずつ
30秒

ふくらはぎ

⑤

足首からひざ裏までさすり上げる

両手で、右足首からひざの裏までを下から上へさすり上げるようにしてマッサージをします。続いて、左脚も行います。左右とも30秒間行います。

片脚ずつ
30秒

（ふとももセルライトケア）

ふともも

⑥ ふとももをもみほぐす

両手で右脚のふとももセルライトを寄せ、ゆっくりとねじりながら、ひざからそ径部までを、もみほぐします。続いて、左脚も行います。左右とも30秒間行います。

GETTAMAN メソッド
美腰リンパケア 1
股関節①

30秒間

背筋を伸ばす

頭を下げる

1-2
背中を丸める

頭を下げ、あごを引き、息をゆっくり吐きながら、背中を大きく丸めます。以上を30秒間、くり返します。

1-1
おへそを床に近づける

両手両脚を肩幅くらいに開き、よつんばいになります。背筋は伸ばしたまま、おへそをできるだけ床に近づけます。

※美腰リンパケアはDVDに収録されていません

片脚ずつ 30秒間

できるだけ胸に引きつける

足はまっすぐ伸ばす

2-1 片脚を胸に引き上げる

よつんばいのまま、片脚をできるだけ胸に引きつけるようにして、引き上げます。

2-2 引き上げた脚を後ろへ

引き上げた脚を後ろへ運び、背中と脚が同じ高さになるようにします。このとき、顔は上げすぎないように。2-1〜2-2を1セットとし、左右の脚を30秒間行います。

GETTAMAN メソッド
美腰リンパケア 2
股関節②

骨盤で円を
描くように

3-2
腰を大きく回す

骨盤の位置を意識しながら、
腰をゆっくり大きく回します。
上半身はなるべく動かさない
ようにしましょう。

3-1
正しい姿勢で立つ

立ち上がり、脚を肩幅くらいに
開きます。両手を腰にあてます。

※美腰リンパケアはDVDに収録されていません

左回り、右回り、各30秒

3-3 呼吸しながら回す

上半身はなるべく動かさずに、ゆっくりと呼吸をしながら、腰だけを回していきます。

3-4 反対回りも回す

左回り、右回りとも30秒間行います。

GETTAMAN メソッド
美腰リンパケア 3
そ径部〜ウエスト

30秒間

背筋を伸ばす

老廃物を押し出すイメージで

そ径部

4-2
下から上へ押し上げる

そ径部を下から上に向かって3段階に押し上げます。30秒間続けます。

4-1
そ径部を下から上へ押し上げる

気をつけの姿勢から、脚を肩幅くらいに開きます。両手のひらをふとももの付け根の内側におきます。

※美腰リンパケアはＤＶＤに収録されていません

左右ともに 各30秒

ウエスト

6

腰から胸までをさする

左の手のひらをわきよりも少し高いところにあてます。右の手のひらは腰にあて、左右の手を交互にさすり上げたり下ろしたりして、腰から胸の間を軽く刺激します。腰〜胸を、左右ともに30秒間行います。

5

わき腹のぜい肉をつかむ

両手でわき腹についたぜい肉をつかみ、やさしく上下にねじるようにしてもみほぐします。

GETTAMAN メソッド
美腰リンパケア 4
ウエスト

左右ともに
各30秒

7-2
脂肪をサイドへ押しすべらせる

そして、その手を左側の脇腹まで押しすべらせます。次に、左の手のひらで、逆方向へ押しすべらせます。左右とも30秒間行います。

7-1
腰の後ろからお腹をさする

右の手のひらを、右側の脇腹にあて、おへそに向けて、脂肪を強く押すようにしてすべらせます。

ダイエット中は水分をたっぷり摂る

　ダイエット中は、水分をたっぷりと摂りましょう。とくに季節の変わり目はたくさん飲むことをおすすめしています。
　ストレッチをした後は、リンパの流れがよくなり、老廃物が流れ出していきます。このときに水分をたくさん摂っていれば、老廃物を早く体外へ出すことができます。
　ただし、水分といっても、何を飲んでもいい、というわけではありません。ミネラルウォーターやお茶など、糖分やミルクが入っていないものならばOKです。

おすすめの飲みもの

- ミネラルウォーター
- お茶（緑茶、ほうじ茶など）
- ハーブティー
- 中国茶
- コーヒー
- 紅茶（ミルクを入れるのはNG）

避けたい飲みもの

- 清涼飲料水
- 炭酸飲料水
- スポーツドリンク
- 乳飲料

　飲酒に関してですが、GETTAMANメソッドではOKとなっています（なお、注意事項は72ページ参照）。
　また、なかなか眠れない夜は、ホットミルクやミルクココアを飲んでもいいでしょう。

GETTAMAN メソッド
小顔リンパケア 1
頸椎(けいつい)

イスに座るか、立ったままで行います。正しい姿勢をキープしましょう。

② 後頭部を押さえながら首を下げる

両手を後頭部で組み、首を下げます。わきを締め、そのままの姿勢で30秒間キープします。

① 頭を左右に傾ける

右手で側頭部を押さえ、頭を右側に傾けて30秒間キープします。左側も行います。

小顔リンパケアは、DVDと同じように一連の流れに沿って行います。
(小顔スペシャルケアはDVDに収録されていないので、顔の中で気になる部位のある方はプラスして行ってください)

③

首を大きく回す

目を閉じて、下から上に大きくゆっくりと首を回します。逆側も回します。左右とも一周10秒を目安にしましょう。

GETTAMAN メソッド
小顔リンパケア 2
首・デコルテ

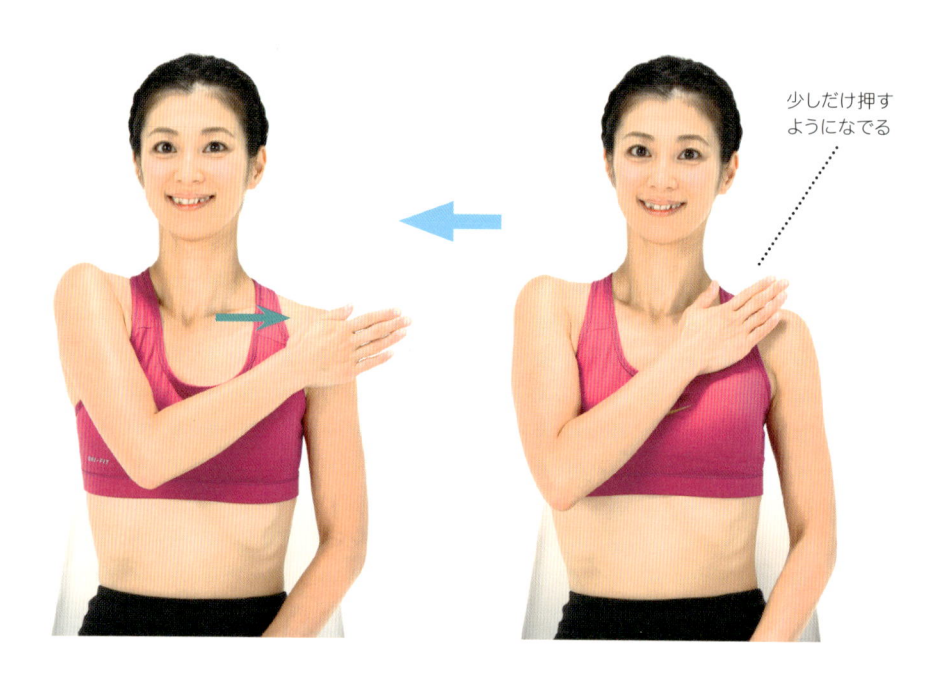

少しだけ押すようになでる

4-2
外側へ手を押し流す

少しだけ押すような感じで、手を外側へ流していきます。左手で右側のデコルテラインも同じように行います。30秒間続けます。

4-1
デコルテラインをなでる

右手のひらを左側の鎖骨の下におき、デコルテラインにそって内側から外側に向かってなで、腋窩(えきか)のリンパを流します。

親指はまっすぐ
伸ばす

5-2
鎖骨まで指を下ろす
鎖骨までゆっくりと下ろしていきます。30秒間行います。

5-1
頸部のラインを押し流す
両手を組み、親指をあごの下に押しあて、顔を上にそらすようにしながら、親指をゆっくりと下ろします。

GETTAMAN メソッド
小顔リンパケア 3
首・デコルテ

6-1 頚椎のラインをなでおろす
頭の後ろで両手を組み、左右の親指を首の後ろのはえぎわに置きます。

6-2 首の付け根まで下ろす
頚椎のラインにそって、首の付け根までゆっくりとなで下ろします。30秒間行います。

GETTAMAN メソッド
小顔リンパケア 4
リフトアップ

7-1

指をフック形にして、あごにあてる

両手の人さし指をフック形に曲げて、親指を耳の少し前（あごの切れ目）にあてます。人さし指は第2関節をあごの先端にあてます。

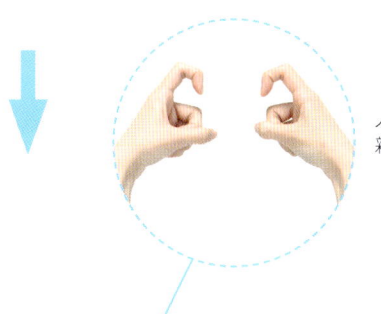

人さし指をフック形にしたところ。親指はまっすぐに伸ばします

7-2

あごのラインにそってひき上げる

親指を支点にして、人さし指の第2関節を、あご先から頬骨（ほおぼね）までゆっくりとひき上げます。30秒間行います。

GETTAMANメソッド
小顔リンパケア4
リフトアップ

7-3
鼻のわきから頬にそって圧をかける

そのまま両方の親指を支点にして、人さし指を小鼻のわきにおき、ゆっくりと頬にそって圧をかけます。

7-4

両手の人さし指を、親指の位置まで運びます。30秒間行います。

8-1
両手でピラミッド形をつくり、親指で頬をリフトアップさせる

両手でピラミッドの形をつくり、頬にあてます。

8-2
人さし指を支点として、親指で頬を下から上へとリフトアップさせます。反対の頬も同じように行います。左右とも30秒間行います。

あごの関節をほぐす

9
両方の親指をあごの切れ目にあて、顎関節をほぐします。30秒間行います。

顔のタッピング

10-2
顔全体をていねいにタッピングします。

10-1
指の腹であごから頬をやさしくたたく

親指以外の4本の指を使い、指の腹であごから頬をやさしく30秒間たたきます。

頭のタッピング

11-2 後頭骨をやさしくたたく
同じように、頭の後ろの後頭骨をやさしく30秒間たたきます。

11-1 側頭骨をやさしくたたく
同じように、頭の横の側頭骨をやさしく30秒間たたきます。

11-4 前頭骨をやさしくたたく
最後に、おでこのあたりの前頭骨をやさしく30秒間たたきます。

11-3 頭頂骨をやさしくたたく
同じように、頭の上部の頭頂骨をやさしく30秒間たたきます。

小顔スペシャルケアはDVDに収録されていないので、紙面にてご確認ください。

GETTAMANメソッド
小顔スペシャルケア 1
顔の表情をやわらげる

30秒間

② 目と口を思いっきり開く

「パッ」と声を出しながら、目を見開き、口を大きく開けて笑い顔をつくります。30秒間続けます。

① 顔のパーツを中央によせる

目を細めて、みけんにしわをよせ、口をすぼめます。顔のパーツをできるだけ中央によせ、「ウー」と声を出します。

GETTAMAN メソッド
小顔スペシャルケア 2
目のまわりのしわ

各30秒

① 頬骨の下を押す

両手の人さし指の腹で、頬骨の下を30秒間押します。

② 親指で眉の付け根を押す

両手の親指の腹で、両方の眉の付け根を30秒間押します。

③ 眉毛のラインにそって押す

眉毛のラインにそって親指の腹を付け根、真ん中、耳側と3段階に分けて押しあてます。30秒間続けます。

GETTAMAN メソッド
小顔スペシャルケア 3
ほうれい線

左右各3回

① 舌をほうれい線あたりにあてる
舌の先をほうれい線があるところに押し当て、頬の裏をつき出すようにします。

② 指と舌を使ってほうれい線をさする
人さし指の先を小鼻の横におき、人さし指と舌でほうれい線をはさむようにして、上から下へとやさしくさすります。

③ あごの近くまで下ろす
あごの近くまでゆっくりとさすっていきます。反対も同じように行います。左右交互に3回行います。

Part 3
GETTAMANメソッド

マザーネイチャーのサイクルに合わせた食事法

～概日(がいじつ)リズムとプチデトックス～

概日リズムに合わせた食生活を実践！

リズムを守るには食事の時間を決める!

私たちの体内にはいくつかの時計機能が存在しています。これを体内時計と呼び、この働きによって私たちの生体リズムが調節されています。この生体リズムにはさまざまな周期のものがあり、なかでもその周期が1日に近いものを概日リズム（マザーネイチャー）と呼びます。

この概日リズムが乱れると、寝つきが悪い、眠りが浅くて寝た気がしない、日中体がだるいといった症状が現れます。

概日リズムを守るには、決まった時間にバランスのいい食事をすることが肝心です。

朝は、排泄する時間帯です。
昼は、摂取する時間帯です。
夜は、吸収する時間帯です。

朝は毒素を排泄する、大事な時間帯です。この時間帯に、胃に負担をかけると毒素がうまく排出されず、体がむくみ、太りやすい体質になってしまうの

で注意が必要です。たくさんの食べものが胃に届くと、胃はモウレツに働き始め、そこにエネルギーが集中してしまうのです。体は毒素を出すどころではありません。

GETTAMANメソッドでは、朝食にフルーツ単品、もしくは食べない方法をおすすめしています。フルーツには消化酵素が多く含まれているため、約20分で腸に届きます。つまり胃を休めることができます。フルーツと一緒にほかの食品を摂ると、ガスが発生し、胃に負担をかけてしまうので、フルーツ単品を食べるようにしてください。

正午から午後8時の間に、なるべくランチと夕食をとりましょう。ランチと夕食は食べたいものを食べ、就寝前の3時間は、何も食べないように気をつけましょう。

お酒はOK？ NG？

ダイエット中でもお酒は飲んでもOKです。ただし、GETTAMANメソッドでは、お酒を飲み終わってから18時間は何も食べないことをおすすめし

摂取
正午〜午後8時
ランチと夕食

吸収
午後8時〜午前4時
食事は就寝3時間前まで

排泄
午前4時〜正午
フルーツ単品か食べない

マザーネイチャーのサイクルに従う!

ています。お酒を飲むと胃が大きくなります。胃をもとの大きさに戻すのに、それぐらいの時間がかかります。午後9時には飲み終えると、次の日の午後3時にお昼を食べる計算になります。少しキツイですが、ダイエット中は実行してみてください。

食べものはよくかんで食べよう

弥生時代は一食あたり3990回もかんで食べていたといわれていますが、現代人は一食あたり620回程度しか、かんでいません。なるべく一口30〜50回程度はかむようにするといいでしょう。

よくかむことによって、(1)満腹感が得られるので食欲が抑制される、(2)表情筋の運動になるので小顔エクササイズにもなる、(3)脳の血液循環がよくなり記憶力がアップする、(4)唾液が増えるので虫歯や歯周病を予防する、(5)自律神経が安定するので情緒が安定する、などの効果があります。

週に1日、フルーツデイのすすめ

解毒力を高めて、きれいな体にリセット！

私たちの体には、食べものや空気を通して、有害金属（水銀、ヒ素、カドミウム、鉛など）とダイオキシン類がたまっています。現代では、普通に生活しているだけで有害な物質が体にたまっていくようになっています。

こうした毒素は、体内の酵素の働きをジャマして代謝を落としたり、便秘やむくみを引き起こしてダイエットの足を引っ張ります。体から毒素を排出する力を高めて、軽やかで美しい体に変身させましょう。

「フルーツデイ」で毒素を一掃！

GETTAMANメソッドでは、「フルーツデイ」という名のプチファスティング（断食）をおすすめしています。

「フルーツデイ」は、丸一日、生のフルーツだけを食べて過ごすという断食法です。断食といっても完全に食べないわけではありません。体に「入れる」を一休みさせ、「出す」ことに専念する日にします。

消化酵素能力の高いフルーツを食べることによって、体から毒素を抜き、消化機能を休ませて代謝酵素能力を活性化させ、脂肪を燃焼させます。また、食事をしないことで、肝臓を休ませることができるので、さらに解毒力を高めます。

「フルーツデイ」のルール4

- **ルール1** 生のフルーツを食べる
- **ルール2** たくさんの種類の、旬(しゅん)のフルーツを食べるようにする
- **ルール3** 別のフルーツを食べるときは、30分以上、間隔をあける
- **ルール4** 食べてもいい時間に、好きなだけ食べてOK！

※食べてもいい時間＝朝のstretch終了後〜寝る3時間前

フルーツデイスケジュール（例：土曜日に行う場合）

	月火水木金	土	日
朝	果物	果物	フリー
昼	フリー		
夜	フリー （就寝3時間前まで）		

・果物は単品で食べるようにしましょう。
・ほかの果物を食べる場合は、30分以上間隔をあけます。
・表は土曜日に行う場合の例ですが、週に1日、何曜日でも好きなときに行ってOK！

フルーツの旬

春
・いちご
・オレンジ（ネーブルオレンジ、はっさく、デコポンなど）
・キウイ

初夏
・びわ
・うめ
・マンゴー

夏
・さくらんぼ　・もも
・すいか　・ネクタリン
・メロン

秋
・なし　・栗
・洋なし　・ブドウ
・柿　・いちじく

冬
・りんご　・ポンカン
・みかん　・いよかん
・干し柿

通年OK
・バナナ　・パパイア
・レモン　・アボカド
・パイン

おわりに

『GETTAMANメソッド　肩甲骨ダイエット』を最後までお読みいただき、ありがとうございました。

やせるためには体の仕組みを学び、知識を得ることも大切ですが、同時に、自分自身を知ろうとすることが重要です。ダイエットを行い、体が変わっていくにつれて、心の状態や脳の思考回路までもが変化していくのを、感じとることができるでしょう。

この『GETTAMANメソッド　肩甲骨ダイエット』を実践しているうちに、ご自身の中に眠っている、人生をも変える可能性を秘めているパワースポットに巡り合えると、私は信じています。

時代を超えた最高・最良のアプローチにおいて、人生を素晴らしいものに変えてください！

最後に、この本の出版にあたり、たずさわっていただいたすべての方々に、心より感謝いたします。

GETTAMAN

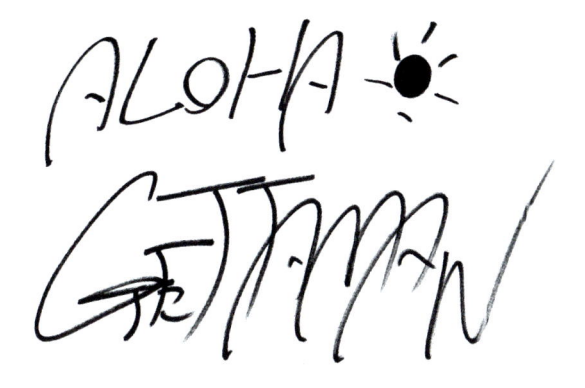

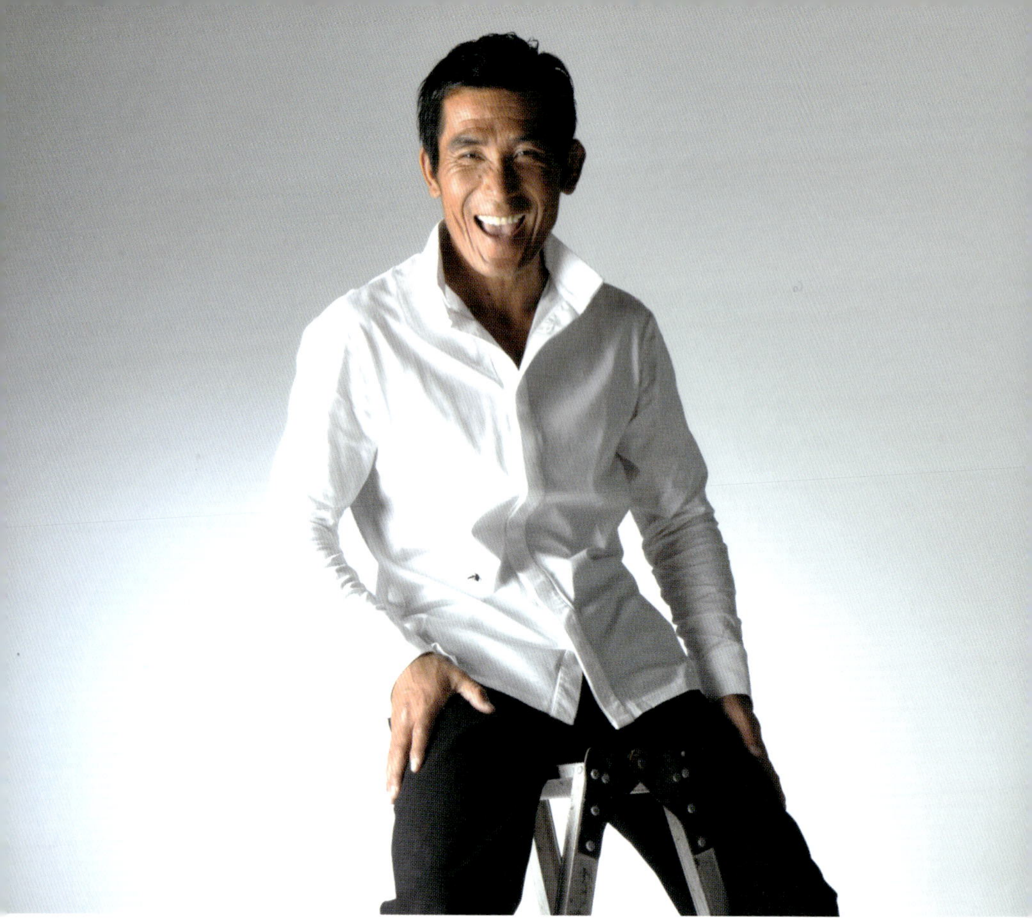

profile

GETTAMAN

1965年屋久島生まれ。本名：竹之内敏。ヒューマンアーティスト。健康運動指導士、メンタルヘルスカウンセラー、竹之内整体クリニック院長。

単なるダイエットやコンディションを整えるだけの範疇(はんちゅう)を超え、心と体、さらには"生き方"をも変える「ヒューマンアーティスト」として活躍。第一線で活躍するクリエイター、財界人、モデル、トップアスリートなど、多数のクライアントから支持されている。雑誌やＴＶに数多く登場し、多方面において、ダイエットやアンチエイジング、ストレスの講演活動も展開中。

また、日本を代表するトライアスリートとして数々の国際大会で活躍した実績を持ち、毎年ハワイで開催されるホノルルマラソンでは、羽織、袴、高下駄の衣装で14年連続完走。ホノルル現地では"GETTAMAN"の愛称で親しまれ、「GETTAMANに会えると幸せが訪れる」と言われている。

著書に、『治し方がよくわかる心のストレス病』（幻冬舎）、『天使の羽ダイエット』（主婦と生活社）、『最強の５分間「肩甲骨」ダイエット』（光文社）がある。

公式サイト　http://www.gettaman.jp

わかりやすいDVD付き
GETTAMANメソッド　肩甲骨ダイエット

2011年4月10日　第1版第1刷
2012年10月5日　第1版第8刷

著　者　GETTAMAN（ゲッタマン）
発行者　清田順稔
発行所　株式会社廣済堂出版
　　　　〒104-0061 東京都中央区銀座3-7-6
　　　　電話　03-6703-0964（編集）
　　　　　　　03-6703-0962（販売）
　　　　FAX　03-6703-0963（販売）
　　　　振替　00180-0-164137
　　　　http://www.kosaido-pub.co.jp

印刷所
製本所　株式会社廣済堂

©2011 Gettaman　Printed in Japan
ISBN978-4-331-51531-0 C0077

定価はカバーに表示してあります。落丁・乱丁本はお取り替えいたします。

Staff

ブックデザイン。清原一隆 (KIYO DESIGN)
DTP。阿井涼音 (KIYO DESIGN)
撮影 (静止画)。清野泰弘
ヘアメイク。福間友香
イラスト。関根庸子 (P 10、46)
　　　　。加藤友佳子 (P 30、31)
　　　　。藤田ヒロコ (P 42)
衣装協力。ナイキジャパン
　　　　。ゴールドフラッグ
校正。矢島規男
モデル。WAKO (フィットネスアライアンス)
編集協力。石渡真由美
編集。石橋美樹

DVD Staff

演出・編集。久保年且 (マニュスクリプト)
撮影。夏目啓一郎
VE・音声。滝沢幸二 (東京V.P.R.)
照明。小岩 強
グラフィック。丸山大夢
DVDオーサリング。高原麻理恵
音効。古田能之
撮影スタジオ。麹町スタジオ
MAスタジオ。レインボーノーツ
ナレーター。SAKI (フィットネスアライアンス)